Tout MANGER de A à Z

hachette
CUISINE

Tout MANGER de A à Z

texte et stylisme

SOPHIE DUPUIS-GAULIER

photographies

GUILLAUME CZERW

créé de A à Z par

LE BDAG

hachette
CUISINE

INTRODUCTION

Je me souviens de ces mercredis après-midi d'été où avec mon frère et ma sœur, nous devions éplucher notre saladier de petits pois avant d'aller courir dans les champs. Consciencieusement, nous retirions le filament central de la cosse, puis avec le pouce, nous libérions les jolies petites billes vertes.
Mais à la fin de cette séance d'écossage, j'étais toujours déçue d'obtenir un si gros tas d'épluchures et si peu de petits pois. « Tout ça pour ça », nous disions-nous !

Il y a peu de temps encore, je constatais la même chose au retour du marché, après avoir coupé et jeté les fanes de mes bottes de carottes et de navets ou bien devant le monticule d'épluchures après la réalisation d'une tarte aux pommes.

Je m'interrogeais alors : comment réutiliser les épluchures, les trognons, les fanes ? Comment faire pour ne pas jeter cette mine d'ingrédients, capables, je le devinais, d'être la base de mets originaux et succulents ? Trois raisons évidentes motivaient mes interrogations. D'un point de vue économique : n'est-ce pas dommage de jeter ces parties comestibles alors qu'avec un peu de créativité et à moindre frais, elles mettent nos papilles en éveil ? Ensuite, d'un point de vue écologique : cuisinez les fanes et les épluchures, c'est participer activement à la protection de la planète en réduisant intelligemment nos déchets ! Enfin, pour des raisons nutritionnelles : pourquoi jeter la peau des fruits et des légumes lorsque l'on sait que les fibres, les vitamines et les minéraux s'y concentrent généralement ?

Forte de cette réflexion, je décidais donc de m'intéresser de plus près à tous ces reliquats de fruits et légumes trop souvent mis au rebut. Je m'attelais à la rédaction de recettes gourmandes et bientôt, écorces, trognons, pépins, tiges, cosses, peaux et fanes n'eurent plus de secret pour moi ! C'est avec un grand plaisir que je vous les livre ici !

Quelques CONSEILS préalables

Le choix des produits

Lorsque vous cuisinez vos légumes de A à Z, il est important de choisir des produits issus de l'agriculture biologique. En effet, tout comme les vitamines, les pesticides ou autres traitements chimiques se concentrent dans la peau ou les fanes.

Les ustensiles :

Une brosse, un couteau, un économe et une petite râpe (ou un zesteur) sont les outils indispensables pour tirer le meilleur des fanes et épluchures.

La conservation :

Pour une conservation optimale, il est important de stocker les fruits et les légumes à l'abri de la lumière dans la mesure du possible. Le bac du réfrigérateur est l'endroit parfait pour les produits fragiles. L'air y est moins froid et plus humide que sur les clayettes.
Les légumes se garderont plus longtemps si vous enlevez les fanes car elles absorbent l'humidité des bulbes et les ramollissent.
Coupez les fanes à l'aide d'un couteau, lavez-les sous l'eau froide puis séchez-les bien.
Enveloppez-les dans un papier absorbant légèrement humidifié puis déposez-les dans une boîte hermétique dans le bac du réfrigérateur.
Les fanes se conservent moins longtemps que le bulbe des légumes. Pensez à les cuisiner en priorité.
Si les fanes sont un peu flétries, vous pouvez quand même les cuisiner. Par contre, si elles ont jauni, vous devrez vous résigner à les jeter !

SOMMAIRE

AUTOMNE / HIVER

Apéritifs

◇

Caviar de racines de carotte et gressins

Chips d'épluchures de pommes de terre au thym et au parmesan

Chutney d'épluchures de carottes

Entrées

◇

Cake aux fanes de navets, tomates séchées et feta

Carpaccio de betteraves au roquefort,
aux noix et aux jeunes pousses

Esfirras au poulet et aux fanes de navets

Millefeuille au chèvre et gelée de pomme

Panna cotta de potimarron
et nougatine de graines de potimarron

Velouté de potimarron

Plats et accompagnements

◇

Betteraves en croûte de sel

Jacket potatoes au poulet et au curry

Spaghettis au pesto de fanes de carottes

Tarte aux pommes, camembert et cumin

Tatin de navets et effiloché de canard confit

Desserts

◇

Beignets d'épluchures de pommes

Carpaccio d'ananas et caramel au beurre salé et spéculoos

Confiture de pommes de terre aux épices

Crème brulée au potimarron et aux épices

Gelée de pomme

Jeunes tiges confites aux épices et au sirop d'érable,
sur faisselle de chèvre

Boissons

◇

Rhum arrangé

MENUS

PRINTEMPS / ÉTÉ

APÉRITIFS

◇

Apéro tout radis
Chips de tomates au Pécorino et origan
Tempura d'épluchures de courgettes

ENTRÉES

◇

Carpaccio d'agrumes aux oignons verts et sauce vierge
Saumon à la danoise
Soupe de fanes et croûtons maison
Soupe froide de cosse de petits pois à la coriandre
Velouté froid de courgettes, chantilly au curry
Wraps d'omelette et oignons verts

PLATS ET ACCOMPAGNEMENTS

◇

Cabillaud en croûte de zeste de citron et noisettes
Flan de petits pois à la mélisse
Millefeuille de tomates
Pissaladière
Pizza printanière
Polenta crémeuse aux petits pois, thym et parmesan
Radis glacés

DESSERTS

◇

Mascarpone aux pétales de fenouil glacés au miel
Gâteau au chocolat et à la courgette
Tarte choco-citron méringuée

BOISSONS

◇

Limonade au citron et gingembre

PRINTEMPS / ÉTÉ

CITRON JAUNE

Présent toute l'année sur les marchés français, le citron regorge de bienfaits. Privilégiez cependant les fruits de culture biologique ou tout du moins non traités.
Les citrons peuvent être conservés une semaine à température ambiante. Pour une conservation plus longue, enveloppez-les dans un papier absorbant humide puis enfermez-les dans un sac plastique et placez-les dans le bas du réfrigérateur.

4
PERSONNES

15 MIN
PRÉPARATION

11 MIN
CUISSON

LE ZESTE

CABILLAUD EN CROÛTE DE ZESTE DE CITRON ET NOISETTES

4 pavés de cabillaud
Le zeste d'1 citron jaune bio ou non traité
40 g de poudre de noisette
40 g de parmesan
40 g de chapelure
40 g de beurre doux froid
4 branches de persil
2 cuil. à soupe d'huile d'olive
Sel, poivre

1

Préchauffer le four à 160 °C (th. 5-6). Salez et poivrez les pavés de cabillaud.

2

Dans une poêle, faites chauffez l'huile d'olive puis faites cuire les pavés de cabillaud côté peau. Lorsqu'ils sont bien dorés, déposez-les sur une plaque allant au four tapissée de papier cuisson.

3

Dans un saladier, préparez une pâte à crumble en mélangeant grossièrement le zeste de citron, la poudre de noisette, le parmesan, la chapelure, le beurre coupé en dés et le persil finement ciselé.

4

Recouvrez les pavés de cabillaud avec cette pâte afin de former une croûte, puis enfournez pour 6 min.

5

Mettez le four sur la position gril puis laissez cuire 2 min supplémentaires. Servez aussitôt.

1
LITRE

10 MIN
PRÉPARATION

4 J
REPOS

LE JUS

LIMONADE AU CITRON ET GINGEMBRE

1 citron jaune bio ou non traité
1 cm de gingembre
70 g de sucre en poudre
1 cuil. à café de vinaigre de cristal
50 g de riz long

1

Épluchez le gingembre.

2

Portez 1 l d'eau à ébullition avec le sucre et le vinaigre.
Pendant ce temps, lavez le citron à l'eau froide puis coupez-le en morceaux et épépinez-le.

3

Mixez ensemble le citron et le gingembre.

4

Versez l'eau sucrée-vinaigrée dans un récipient. Ajoutez le citron et le gingembre mixés ainsi que le riz. Mélangez bien puis laissez fermenter au soleil pendant 4 j, soit derrière une vitre, soit dehors. Protégez alors la préparation des insectes avec un torchon propre.

5

Filtrez et versez dans une bouteille en verre préalablement stérilisée en laissant 3 cm d'air. Conservez au réfrigérateur. Servez bien frais.

ASTUCE

VOUS POUVEZ RÉALISER DES GLAÇONS PARFUMÉS EN AJOUTANT DES ZESTES DE CITRON OU DES FEUILLES DE MENTHE DANS VOTRE BAC À GLAÇONS.

L.F

6 PERSONNES

45 MIN PRÉPARATION

3H RÉFRIGÉRATION

35 MIN CUISSON

TARTE CHOCO-CITRON MERINGUÉE

Pour la pâte :
200 g de farine
35 g de cacao
125 g de beurre mou
75 g de sucre glace
40 g de poudre de noisette (ou d'amande)
1 œuf
1 pincée de sel

Pour le lemon curd :
4 citrons bio
200 g de sucre
4 œufs
120 g de beurre doux

Pour la meringue :
3 blancs d'œuf
1 pincée de sel
150 g de sucre

1

Dans un récipient, tamisez ensemble la farine et le cacao. Dans un autre récipient, travaillez à l'aide d'une spatule (ou d'un robot) le beurre en pommade, ajoutez le sucre et la poudre de noisette. Mélangez bien, puis ajoutez l'œuf, le sel et le mélange de farine-cacao.
Pétrissez la pâte et formez une boule. Filmez-la et placez-la au réfrigérateur au moins 2 h.

2

Préparez le lemon curd.
Lavez et séchez les citrons.
Râpez finement le zeste de 3 citrons puis pressez-les 4 citrons.
Dans un récipient, mélangez ensemble le sucre et les zestes de citron. Ajoutez les œufs et mélangez bien, puis ajoutez le jus de citron.

3

Placez ce mélange au bain-marie sans cesser de fouetter jusqu'à ce que le mélange épaississe. Comptez environ 10 min. Le lemon curd ne doit jamais bouillir. Hors du feu, ajoutez le beurre préalablement coupé en petits dés. Mélangez bien puis réservez au réfrigérateur.

4

Préchauffez le four à 180 °C (th. 6). Étalez la pâte entre deux feuilles de papier cuisson sur une épaisseur d'environ 3 mm (cette technique évite que la pâte ne colle au plan de travail et au rouleau à pâtisserie et permet de ne pas surcharger la pâte en farine). Puis foncez un moule à tarte préalablement beurré et fariné. Piquez le fond de tarte à l'aide d'une fourchette. Replacez la pâte au réfrigérateur pendant au moins 30 min.

5

Garnissez le fond du moule avec une chaîne de cuisson pour éviter que la pâte ne se soulève puis enfournez pour 15 min. Retirez la chaîne de cuisson puis poursuivez la cuisson 5 min supplémentaires.

6

Laissez refroidir, puis garnissez le fond de tarte avec le lemon curd. Préparez la meringue en battant les œufs en neige avec une pincée de sel. Lorsque les blancs ont doublé de volume, ajoutez le sucre tout en continuant de battre.

7

Préchauffez le four à 240 °C (th. 8) Étalez la meringue sur le lemon curd à l'aide d'une spatule puis enfournez pour 5 min. La meringue doit être bien dorée.

Courgette

La courgette appartient à la catégorie des légumes fruitiers.
De forme allongée ou ronde, verte, blanche ou jaune,
consommez-la de préférence jeune.

4
PERSONNES

10 MIN
PRÉPARATION

3 MIN
CUISSON

LA PEAU

TEMPURA D'ÉPLUCHURES DE COURGETTES

Les épluchures d'1 kg de courgettes
1 jaune d'œuf
130 g de farine
(+ 1 cuil. à soupe pour saupoudrer)
15 cl d'eau glacée
Huile de friture

1

Préparez la pâte à beignet.
Dans un saladier, mélangez le jaune d'œuf, la farine et l'eau glacée jusqu'à obtenir une pâte homogène.

2

À l'aide d'une passoire, saupoudrez la cuil. à soupe de farine sur les épluchures pour que la pâte adhère davantage.

3

Dans une poêle à bord haut, faites chauffer l'huile de friture à 180 °C.

4

Trempez les épluchures de courgettes dans la pâte à tempura puis faites-les cuire environ 2 min (elles ne doivent pas colorer).
Égouttez-les sur du papier absorbant.

CONSEIL

SERVEZ CHAUD AVEC UNE SAUCE SOJA MÉLANGÉE À DU JUS DE CITRON, PAR EXEMPLE.

ASTUCE

PLUS L'HUILE EST CHAUDE ET LA PÂTE À BEIGNET FROIDE, PLUS LES BEIGNETS SERONT LEGERS !

4 PERSONNES

15 MIN PRÉPARATION

35 MIN CUISSON

LA CHAIR

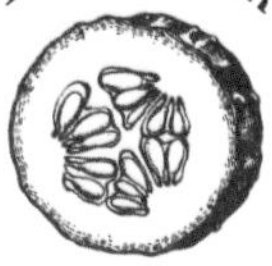

GÂTEAU AU CHOCOLAT ET À LA COURGETTE

350 g de courgettes
160 g de chocolat noir à 70 %
240 g de farine
60 g de cacao
1 cuil. à café de levure chimique
½ cuil. à café de sel fin
110 g de beurre demi-sel
180 g de sucre de canne
1 gousse de vanille ou 1 cuil. à café d'extrait de vanille
3 œufs

1

Préchauffez le four à 180 °C (th. 6). Rincez les courgettes à l'eau froide et séchez-les bien. Râpez-les sans les éplucher à l'aide d'une râpe pas trop fine.

2

Hachez grossièrement le chocolat à l'aide d'un couteau. Dans un récipient, mélangez la farine, le cacao, la levure chimique et le sel.
Ajoutez les courgettes râpées et le chocolat à la farine, enrobez bien tous les ingrédients.

3

Dans un autre récipient ou à l'aide d'un robot, travaillez ensemble le beurre et le sucre jusqu'à obtenir un mélange homogène.

4

Fendez la gousse de vanille en deux, puis, à l'aide d'un couteau, récupérez les graines.
Ajoutez les graines de vanille au mélange beurre-sucre, puis les œufs un à un. Mélangez avec les courgettes.

5

Versez la pâte dans un moule préalablement beurré et fariné. Enfournez pour 35 min. Vérifiez la cuisson à l'aide de la pointe d'un couteau. Le cœur doit rester moelleux.

ASTUCE

IL EST IMPORTANT DE FARINER LES COURGETTES ET LE CHOCOLAT AFIN QU'ILS NE RETOMBENT DANS LE FOND DE LA PRÉPARATION DURANT LA CUISSON.
LES COURGETTES APPORTENT AU GÂTEAU UNE TEXTURE PARTICULIÈREMENT MOELLEUSE.

[redacted]

25 MIN
PRÉPARATION

15 MIN
CUISSON

LA CHAIR

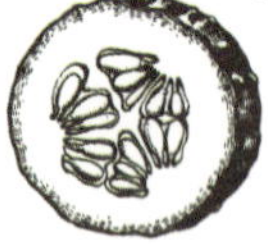

VELOUTÉ FROID DE COURGETTES, CHANTILLY AU CURRY

1 kg de courgettes
1 gousse d'ail
1 oignon
2 cuil. à café rases de curry en poudre
500 ml de bouillon de légumes
1 yaourt nature velouté (type yaourt grec)
60 ml de crème fraîche liquide
1 cuil. à soupe d'huile d'olive
Sel, poivre

1

Épluchez l'ail et l'oignon puis émincez-les finement. Dans une cocotte à fond épais, faites dorer l'ail et l'oignon dans l'huile d'olive pendant 3 min puis ajoutez 1,5 cuil. à café de curry et laissez dorer quelques minutes supplémentaires afin qu'il libère ses arômes.

2

Pendant ce temps, épluchez les courgettes et détaillez-les en gros tronçons. Ajoutez les morceaux de courgettes et le bouillon de légumes dans la cocotte et laissez cuire pendant 15 min.

3

Passez les courgettes au mixeur et ajoutez petit à petit du jus de cuisson selon la consistance désirée.

4

Réservez au frais. Lorsque le velouté est froid, ajoutez le yaourt et mélangez bien. Salez et poivrez.

5

Juste au moment de servir, montez la crème fraîche liquide en chantilly. Lorsqu'elle a doublé de volume, ajoutez le reste de curry et continuez à monter la crème jusqu'à ce qu'elle soit bien ferme.
Servez le velouté froid surmonté d'une quenelle de chantilly au curry.

ASTUCE

POUR RÉALISER UNE CRÈME CHANTILLY TRÈS FERME, PENSEZ À METTRE LE SALADIER ET LES FOUETS DU BATTEUR AU FRAIS 15 MIN AVANT DE MONTER LA CRÈME.
PRENEZ TOUJOURS DE LA CRÈME LIQUIDE ENTIÈRE.

FENOUIL

Le fenouil est classé dans la catégorie des légumes à feuilles.
On consomme le bulbe et son plumet qui correspondent à la base charnue des feuilles.
En France, on le trouve toute l'année sur les marchés, cependant sa production se situe entre juin et octobre.

4
PERSONNES

15 MIN
PRÉPARATION

48 H
RÉFRIGÉRATION

LES PLUCHES

SAUMON À LA DANOISE

600 g de pavé de saumon assez épais
1 cuil. à café de sel fin
1 cuil. à café de sucre
½ cuil. à café de poivre blanc moulu
1 cuil. à soupe de pluches de fenouil ciselées

Pour la sauce :
50 g de cassonade
50 g de moutarde
2 cuil. à soupe d'huile de tournesol
1 cuil à café de pluches de fenouil
Sel

1

Rincez le pavé de saumon sous un filet d'eau froide puis séchez-le à l'aide de papier absorbant.

2

À l'aide d'un couteau très tranchant, retirez la peau.
Coupez le pavé en deux dans son épaisseur, à l'horizontale.

3

Dans un bol, mélangez ensemble le sel, le sucre, le poivre et les pluches de fenouil ciselées.

4

Badigeonnez les deux morceaux obtenus avec le mélange sucré-salé, puis replacez les deux morceaux l'un sur l'autre pour reconstituer le pavé.

5

Placez le saumon dans un plat.
Couvrez-le de film alimentaire puis déposez un poids sur le saumon, (une petite planche à découper par exemple).

6

Placez au réfrigérateur pendant 24 h.
Retournez le saumon dans le plat au bout de 12 h en retirant l'eau qui s'est écoulée.

7

Avant de servir, préparez la sauce.
Dans un bol, mélangez la cassonade, la moutarde, l'huile, les pluches de fenouil et le sel de façon à obtenir une sauce bien homogène.

8

Recoupez chaque morceau de saumon en deux, à la verticale cette fois, afin d'obtenir quatre pavés de saumon, et servez avec la sauce et du pain danois.

4
PERSONNES

15 MIN
PRÉPARATION

5 MIN
CUISSON

LE BULBE

MASCARPONE AUX PÉTALES DE FENOUIL GLACÉS AU MIEL

250 g de mascarpone
1 petit bulbe de fenouil
30 ml de crème liquide
50 g de sucre glace
50 g de beurre
50 g de sucre
50 g de miel

1

Dans un bol, fouettez le mascarpone, la crème liquide et le sucre glace. Répartissez le mélange dans des verrines ou des ramequins puis placez au réfrigérateur.

2

Rincez le fenouil sous l'eau froide et séchez-le bien. À l'aide d'une mandoline ou d'un couteau tranchant, détaillez-le en fines tranches.

3

Dans une poêle, faites fondre le beurre et le sucre, puis ajoutez le miel et les tranches de fenouil. Laissez caraméliser quelques minutes en retournant les tranches régulièrement.

4

Déposez des morceaux de fenouil tièdes dans les verrines, sur le mélange au mascarpone, et servez aussitôt.

ASTUCE

UTILISEZ LES GRAINES DE FENOUIL POUR AROMATISER LES POISSONS : FAITES CARAMÉLISER 1 CUIL. À CAFÉ DE GRAINES DE FENOUIL AVEC DEUX PINCÉES DE SUCRE ET MÉLANGEZ-LES À VOS TARTARES DE POISSON !

Oignon vert

*L'oignon vert est en fait un oignon
jaune cueilli avant maturité.
Son bulbe blanc se cuisine comme
un oignon et sa tige verte comme un aromate.
Choisissez-les aux bulbes fermes
et aux tiges croquantes !*

4
PERSONNES
10 MIN
PRÉPARATION
2 MIN
CUISSON

LA TIGE

WRAPS D'OMELETTE ET OIGNONS VERTS

4 œufs
2 tiges d'oignon vert
4 tomates séchées
4 pincées de piment d'Espelette
8 petites tranches de speck
10 g de beurre

1

Rincez les tiges d'oignon sous l'eau froide, séchez-les bien à l'aide d'un papier absorbant puis émincez-les finement.

2

Détaillez les tomates séchées en petits dés.

3

Dans un récipient, cassez les œufs, puis battez-les en omelette avec le piment d'Espelette, ajoutez les dés de tomate et le vert d'oignon. Dans une petite poêle, faites fondre un peu de beurre et faites 4 petites omelettes.

4

Sur une planche à découper, déposez une tranche de speck puis une omelette puis une nouvelle tranche de speck. Roulez l'ensemble et coupez chaque petit rouleau en deux.
Servez chaud ou froid.
Ce plat est idéal pour un pique-nique !

ASTUCE

NE SALEZ PAS ! LE SPECK ET LES TOMATES SÉCHÉES SONT DÉJÀ TRÈS SALÉS.

6 PERSONNES

20 MIN PRÉPARATION

45 MIN CUISSON

LE BULBE

PISSALADIÈRE

1 pâte à pizza ou à pain
1 kg d'oignons
12 anchois
20 olives noires
2 cuil. à soupe de sucre en poudre
50 ml d'huile d'olive

1

Préchauffez le four à 210 °C (th. 7). Retirez les tiges d'oignon, épluchez les bulbes et émincez-les en rondelles de 3 à 5 mm.

2

Dans une grande poêle, faites chauffer l'huile d'olive, ajoutez les oignons, 3 ou 4 anchois finement émincés et le sucre. Mélangez bien.

3

Laissez confire les oignons à feu doux pendant 20 à 25 min (ils ne doivent pas dorer).

4

Sur une plaque allant au four recouverte de papier cuisson, déroulez la pâte à pizza ou à pain. Répartissez les oignons sur la pâte puis disposez joliment les anchois et les olives. Enfournez pour 25 min. Servez chaud ou froid avec une salade verte.

4
PERSONNES

15 MIN
PRÉPARATION

30 MIN
RÉFRIGÉRATION

LE TOUT

CARPACCIO D'AGRUMES AUX OIGNONS VERTS ET SAUCE VIERGE

2 pamplemousses
2 oranges
4 oignons verts (4 bulbes et 2 tiges)
4 cuil. à soupe d'huile d'olive
Sel, poivre

1

Au-dessus d'un récipient, pelez les oranges et les pamplemousses à vif, puis retirez la peau des agrumes de façon à ne garder que la chair des fruits.

2

Réservez le jus récolté puis dressez les suprêmes d'agrumes en carpaccio dans les assiettes de service et placez au réfrigérateur pendant 30 min.

3

Pendant ce temps, épluchez les oignons et rincez les tiges vertes sous l'eau froide.

4

Détaillez les bulbes en rondelles assez fines et ciselez les tiges. Répartissez les oignons sur les carpaccios d'agrumes.

5

Préparez la sauce en mélangeant le jus d'agrume et l'huile d'olive, salez et poivrez. Nappez de sauce juste avant de servir et dégustez aussitôt.

Petit pois

Riche en glucide, ce légume printanier appartient à la catégorie des légumineuses. Cru ou cuit, à l'anglaise ou à la française, le petit pois saura ravir nos papilles quel que soit son mode de préparation.

4 PERSONNES

25 MIN PRÉPARATION

20 MIN CUISSON

SOUPE FROIDE DE COSSES DE PETITS POIS À LA CORIANDRE

600 g de cosses de petits pois
1 gros oignon
15 g de beurre demi-sel
1 l de bouillon de légumes ou de volaille
80 ml de crème liquide
¼ de bouquet de coriandre
¼ de cuil. à café de noix de muscade
Quelques gouttes de tabasco (facultatif)
Sel, poivre

1

Rincez bien les cosses de petits pois sous l'eau froide et coupez les extrémités de chaque cosse. Épluchez et hachez l'oignon finement.

2

Dans une grande casserole, faites fondre le beurre et ajoutez l'oignon. Lorsqu'il est translucide, ajoutez les cosses de petits pois et laissez cuire 3 ou 4 min en remuant régulièrement. Versez le bouillon et laissez cuire 20 min.

3

Égouttez les cosses et réservez un peu d'eau de cuisson.

4

Réduisez les cosses en purée à l'aide d'un moulin à légumes en utilisant la grille fine. Ajoutez un peu d'eau de cuisson en fonction de la consistance désirée. Réservez au frais.

5

Juste avant de servir, ajoutez la crème liquide, la coriandre ciselée et la noix de muscade puis salez et poivrez à votre convenance.

CONSEILS

IL EST IMPORTANT D'UTILISER UN MOULIN À LÉGUMES ET NON UN BLENDER POUR CETTE RECETTE CAR LES COSSES DE PETITS POIS SONT TRÈS FILANDREUSES. SI VOUS SOUHAITEZ SERVIR CETTE SOUPE CHAUDE, FAITES CUIRE 2 POMMES DE TERRE AVEC LES COSSES DE PETITS POIS AFIN D'OBTENIR UN POTAGE PLUS ONCTUEUX. VOUS POUVEZ AUSSI AJOUTER QUELQUES GOUTTES DE TABASCO POUR METTRE UN PEU DE PIQUANT DANS VOTRE PLAT !

4 PERSONNES

10 MIN PRÉPARATION

20 MIN CUISSON

LA CHAIR

FLAN DE PETITS POIS À LA MÉLISSE

400 g de petits pois non écossés
(ou 125 g de purée assez épaisse
+ 2 cuil. à soupe de petits pois)
1 œuf + 1 jaune d'œuf
125 ml de crème liquide
10 feuilles de mélisse
Sel, poivre

1

Préchauffez le four à 180 °C (th. 6). Écossez les petits pois et faites-les cuire 8 min dans de l'eau bouillante salée.

2

Réservez 2 cuil. à soupe de petits pois. Égouttez le reste des petits pois puis mixez-les finement dans un blender. Ajoutez si nécessaire quelques cuillères. à soupe d'eau de cuisson pour obtenir une purée bien lisse.

3

Battez l'œuf entier et le jaune d'œuf en omelette.

4

Mélangez la purée de petits pois, les œufs battus, la crème liquide, les petits pois et les feuilles de mélisse préalablement ciselées. Salez et poivrez à votre convenance.

5

Versez la préparation dans des petits récipients résistant à la chaleur et enfournez pour 15 à 20 min. Pensez à beurrer les récipients si vous souhaitez les présenter démoulés. Servez chaud.

CONSEIL

LORSQUE VOUS ACHETEZ 500 G DE PETITS POIS NON ÉCOSSÉS, VOUS N'OBTENEZ QUE 125 G DE PETITS POIS. POUR 4 PERSONNES, ACHETEZ ENVIRON 1,5 KG DE PETITS POIS.

4 PERSONNES

10 MIN PRÉPARATION

5 MIN CUISSON

LE TOUT

POLENTA CRÉMEUSE AUX PETITS POIS, THYM ET PARMESAN

125 g de polenta
100 g de petits pois ou 125 g de purée de petits pois assez fluide
30 g de beurre
1 échalote émincée
800 ml de bouillon de légumes
2 branches de thym frais
+ 1 branche pour la décoration
350 ml de lait
100 ml de crème liquide
70 g de parmesan râpé
Sel, poivre

1

Dans une casserole, faites fondre 15 g de beurre puis ajoutez l'échalote émincée. Faites-la dorer quelques minutes en remuant régulièrement.

2

Ajoutez les petits pois, 500 ml de bouillon et 2 branches de thym. Faites cuire pendant environ 10 min. Égouttez les petits pois et mixez-les avec 50 ml de bouillon de cuisson.

3

Dans une autre casserole, portez à ébullition le reste de bouillon de légumes, le lait, le reste de beurre, le sel et le poivre.

4

Versez la polenta en pluie sans cesser de remuer pendant environ 1 min. Pendant ce temps, réchauffez la purée de petits pois.

5

Hors du feu, ajoutez la purée de petits pois, la crème liquide et le parmesan râpé à la polenta. Mélangez bien, puis parsemez de thym effeuillé. Servez immédiatement.

CONSEIL

NE FAITES PAS CUIRE LA POLENTA TROP LONGTEMPS, VOUS RISQUERIEZ DE PERDRE LE CÔTÉ CRÉMEUX DE LA RECETTE. RAJOUTEZ DE LA CRÈME OU DU LAIT TIÈDE SI VOUS LA TROUVEZ TROP COMPACTE.

R

RADIS

Rose, rouge, blanc ou noir, le radis appartient à la catégorie des légumes racines. Des pousses de graines germées aux fanes, tout se consomme dans le radis.

4
PERSONNES

15 MIN
PRÉPARATION

25 MIN
CUISSON

SOUPE DE FANES ET CROÛTONS MAISON

Les fanes d'1 botte de radis
1 échalote
2 petites pommes de terre
(type Bintje, Cesar ou Manon)
30 g de beurre
500 ml de bouillon de légumes
60 ml de crème liquide
10 cm de baguette de pain rassis
Quelques pousses de graines
de radis germées (facultatif)
Sel, poivre

1

Rincez les fanes plusieurs fois sous l'eau froide.

2

Épluchez puis émincez l'échalote. Épluchez les pommes de terre et détaillez-les en gros dés.

3

Dans une cocotte à fond épais, faites revenir l'échalote dans 15 g de beurre pendant 3 min, puis ajoutez les fanes de radis. Laissez-les fondre pendant 2 min. Ajoutez le bouillon de légumes et les pommes de terre.
Laissez cuire pendant 20 min.

4

Mettez les fanes de radis et les pommes de terre dans un blender, puis mixez en ajoutant de l'eau de cuisson en fonction de la consistance du velouté désirée. Ajoutez la crème, puis mixez de nouveau. Salez et poivrez.

5

Coupez le pain rassis en cubes et faites-les revenir dans le reste de beurre jusqu'à ce qu'ils soient bien dorés.

6

Versez la soupe dans des bols. Parsemez de croûtons. Décorez avec quelques rondelles de radis et des pousses de radis germées. Servez immédiatement.

4 PERSONNES

10 MIN PRÉPARATION

5 MIN CUISSON

LE BULBE

RADIS GLACÉS

1 botte de radis ronds
25 g de beurre
1 cuil. à café de sucre roux en poudre
1 cuil. à café de vinaigre balsamique
Sel, poivre

1

Séparez les radis des fanes.

2

Rincez les radis sous l'eau froide. Séchez-les bien à l'aide d'un papier absorbant.

3

Faites fondre le beurre dans une sauteuse. Lorsqu'il est mousseux, ajoutez les radis et faites-les revenir à feu moyen pendant 2 min.

4

Ajoutez le sucre et le vinaigre. Salez, poivrez et laissez mijoter 3 à 4 min à découvert sans cesser de remuer.

5

Les radis doivent rester croquants. Servez chaud avec un filet mignon par exemple.

6
PERSONNES

15 MIN
PRÉPARATION

3 H
RÉFRIGÉRATION

APÉRO TOUT RADIS

1 botte de radis
2 branches d'estragon
125 g de mascarpone
½ cuil. à café de baies rouges
125 g de beurre demi-sel
à température ambiante
Sel

CRÈME DE RADIS

1

Dans une casserole, portez de l'eau à ébullition.

2

Séparez les radis des fanes. Réservez environ 5 fanes de radis pour le beurre de fanes.

3

Équeutez les radis et lavez-les soigneusement.
Plongez-les 20 s dans l'eau bouillante, puis dans de l'eau froide pour arrêter la cuisson.

4

Lavez et effeuillez l'estragon, puis ciselez-le. Mixez finement les radis. Filtrez la préparation à l'aide d'un tamis afin de retirer le jus.

5

Mélangez les radis mixés avec le mascarpone à la main ou à l'aide d'un robot. Ajoutez les baies rouges, le sel et l'estragon ciselé.
Réservez au réfrigérateur.

BEURRE DE FANES

1

Rincez les fanes de radis plusieurs fois sous l'eau froide afin de retirer la terre et le sable.

2

Séchez-les bien à l'aide d'un papier absorbant puis coupez-les en fines lanières et mélangez-les avec le beurre en pommade.

3

Formez un petit rouleau et enveloppez le beurre dans une gaze. Placez-le au réfrigérateur pour qu'il durcisse.

4

Préparez des dips de carotte, de concombre, de brocolis, de chou-fleur et quelques tranches de pain frais ou grillé. Servez les crudités avec la crème de radis et le beurre de fanes.

CONSEIL

VOUS POUVEZ PRÉSENTER LE BEURRE DE FANES DANS UN RAMEQUIN PLUTÔT QUE DANS UNE GAZE SI VOUS PRÉFÉREZ.

Tomate

Cerise, cocktail, grappe, ronde, cœur de bœuf, olivette, en coulis, en tarte ou en salade...
Faites votre choix mais choisissez toujours des tomates fermes et parfumées !

5 MIN
PRÉPARATION

15 MIN
CUISSON

CHIPS DE TOMATES AU PECORINO ET ORIGAN

1 kg de tomates bio
120 g de pecorino
2 cuil. à soupe d'origan séché
3 cuil. à soupe d'huile d'olive.

1

Préchauffez le four à 200 °C (th. 6-7). Râpez finement le pécorino avec une râpe.

2

À l'aide d'un économe spécial tomate ou d'un couteau pointu très tranchant, retirez la peau des tomates en faisant de longues épluchures. Mettez les épluchures dans un sac à congélation, ajoutez le fromage, les herbes et l'huile. Fermez le sac. Mélangez bien afin d'enrober les épluchures de tous les ingrédients.

3

Déposez les épluchures sur une plaque allant au four recouverte de papier cuisson et enfournez pour 15 min. Servez chaud à l'apéritif par exemple.

CONSEIL

VOUS POUVEZ REMPLACER LE PECORINO PAR DU COMTÉ OU DU PARMESAN.

4
PERSONNES

20 MIN
PRÉPARATION

55 MIN
CUISSON

PIZZA PRINTANIÈRE

Pour le coulis :
500 g de tomates
1 gousse d'ail
½ oignon
2 cuil. à soupe d'huile d'olive
2 branches de thym frais
2 branches de sarriette
1 cuil. à soupe rase de sucre

Pour la pizza :
1 pâte à pizza prête à l'emploi
1 petite courgette
1 dizaine de champignons de Paris
4 petits artichauts poivrades marinés
1 boule de mozzarella
1 cuil. à café d'origan séché
5 à 6 feuilles de basilic
Quelques olives noires

1

Mondez, épépinez puis concassez les tomates. Épluchez et émincez finement l'ail et l'oignon.

2

Dans une casserole à fond épais, faites chauffer l'huile d'olive. Ajoutez l'ail et l'oignon puis faites-les dorer 2 min. Ajoutez les tomates concassées, les herbes et le sucre. Mélangez bien puis laissez compoter 25 à 30 min à feux doux en remuant régulièrement.

3

Préchauffez le four à 200 °C (th. 6-7). Rincez la courgette sous l'eau froide et séchez-la bien. Coupez-la en fines rondelles.

4

Retirez le pied des champignons, essuyez-les bien avec un chiffon humide puis tranchez-les en fines lamelles.

5

Coupez les artichauts poivrades marinés en quatre. Détaillez la mozzarella en fines tranches. Retirez les branches d'aromates, puis mixez le reste avec les tomates. Passez au chinois si nécessaire.

6

Déroulez la pâte à pizza. Répartissez le coulis sur la pâte. Disposez joliment les courgettes, les champignons, les artichauts, la mozzarella et les olives noires. Saupoudrez d'origan. Enfournez pour 25 min. Décorez avec des feuilles de basilic avant de servir.

4 PERSONNES
15 MIN PRÉPARATION
1 H MACÉRATION
10 MIN CUISSON

MILLEFEUILLE DE TOMATES

2 grosses tomates ou 4 petites
1 petite aubergine
1 gousse d'ail
2 boules de mozzarella
8 tranches de bacon
2 branches de sarriette
8 cuil. à soupe d'huile d'olive
Sel, poivre

1

Rincez les tomates et l'aubergine sous l'eau froide puis séchez-les bien.

2

Détaillez les légumes en tranches d'environ 1 cm d'épaisseur. Ajoutez l'ail finement émincé.

3

Déposez les tranches d'aubergine et de tomate dans un plat creux, ajoutez l'ail, la sarriette effeuillée et l'huile d'olive. Salez et poivrez. Filmez puis laissez mariner pendant 1 h en retournant les tranches de légumes au bout de 30 min.

4

Pendant ce temps, faites dorer les tranches de bacon dans une poêle pendant 2 min sur chaque face.

5

Préchauffez le four à 200 °C (th. 6-7). Coupez la mozzarella en tranches.

6

Réalisez les millefeuilles en alternant une tranche d'aubergine, une tranche de bacon, une tranche de tomate puis une tranche de mozarella. Renouvelez l'opération une seconde fois pour chaque millefeuille.

7

Déposez les millefeuilles dans un plat allant au four. Enfournez pour 10 min et servez aussitôt.

AUTOMNE / HIVER

Ananas

Il existe six grandes variétés d'ananas dans le monde mais on n'en trouve que deux en France : le Cayenne lisse, dont le plumet n'a pas de piquant, et l'ananas Victoria, beaucoup plus petit. L'ananas est un fruit exotique qui est très sensible au froid, il ne doit donc pas être conservé au réfrigérateur. Choisissez-le avec un plumet bien vert, c'est un gage de fraîcheur. Sachez cependant que la plumet ne se mange pas.

10 MIN
PRÉPARATION

2 MOIS
MACÉRATION

L'ÉCORCE

RHUM ARRANGÉ

L'écorce d'1 ananas Victoria
ou d'½ ananas classique
1 cm de gingembre frais
200 ml de rhum blanc
20 ml de sirop de canne liquide
2 petits bâtons de cannelle
2 anis étoilées
½ gousse de vanille

1

Rincez les écorces d'ananas sous l'eau froide et séchez-les bien.

2

Épluchez le gingembre et coupez-le en petits morceaux ou râpez-le si vous préférez.

3

Déposez les écorces d'ananas dans un bocal hermétique et stérilisé avec le rhum, le sirop de canne et toutes les épices.

4

Fermez le bocal et secouez-le pour obtenir un mélange homogène.

5

Entreposez le bocal dans un endroit sec, à l'abri de la lumière et consommez le rhum arrangé au bout de 2 mois de macération.

CONSEIL

REMUEZ DE TEMPS EN TEMPS LE BOCAL AFIN QUE TOUS LES ARÔMES DE L'ÉCORCE D'ANANAS ET DES ÉPICES SE DIFFUSENT DANS LE RHUM.

ASTUCE

VOUS POUVEZ ÉGALEMENT RÉALISER UNE BIÈRE D'ANANAS AVEC LES ÉCORCES. FAITES MACÉRER LES ÉCORCES D'ANANAS DANS DE L'EAU PENDANT 3 À 4 JOURS JUSQU'À FERMENTATION. FILTREZ ENSUITE LE MÉLANGE. AJOUTEZ LES ÉPICES DE VOTRE CHOIX ET SUCREZ À VOTRE CONVENANCE. VOUS VENEZ DE RÉALISER LA FAMEUSE « LABIÉ NANAN », CONSOMMÉE EN GUYANE ET DANS PLUSIEURS PAYS D'AFRIQUE !

hand made

4
PERSONNES

15 MIN
PRÉPARATION

LA CHAIR

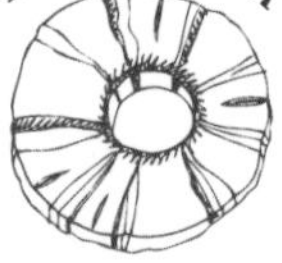

CARPACCIO D'ANANAS, CARAMEL BEURRE SALÉ ET SPÉCULOOS

2 ananas Victoria
100 g de sucre en poudre
8 ml d'eau
8 ml de sirop de maïs
(au rayon produits étrangers des supermarchés)
80 ml de crème épaisse
1 cuil. à café de sel maldon
25 g de beurre à température ambiante coupé en dés
8 spéculoos

1

Épluchez les ananas et coupez-les en fines tranches à l'aide d'une mandoline ou d'un couteau bien aiguisé.
Dressez-les en rosace dans des petites assiettes plates et réservez au réfrigérateur.

2

Dans une casserole à fond épais, versez le sucre, l'eau et le sirop de maïs. Faites cuire le caramel à feu vif pendant 10 min. Pendant ce temps, portez la crème à ébullition dans une casserole.

3

Quand le caramel commence à prendre une couleur ambré clair, retirez-le du feu et ajoutez avec précaution la crème tout en vous protégeant des éclaboussures de caramel.

4

Lorsque le mélange est bien homogène, portez-le de nouveau à feu vif et laissez mijoter 2 à 3 min.

5

Versez dans un bol résistant à la chaleur et laissez refroidir 15 min avant d'ajouter le sel maldon et d'incorporer progressivement les dés de beurre.
Laissez refroidir à température ambiante jusqu'à utilisation.

6

Répartissez le caramel sur le carpaccio d'ananas et servez avec quelques spéculoos.

CONSEIL

VOUS POUVEZ ÉGALEMENT SERVIR CE CARPACCIO AVEC UNE BOULE DE GLACE VANILLE.

ASTUCE

S'IL VOUS RESTE DU CARAMEL, CONSERVEZ-LE DANS UN POT HERMÉTIQUE ET STÉRILISÉ AU RÉFRIGÉRATEUR PENDANT 8 J.
VEILLEZ À CE QUE LE CARAMEL NE PRENNE PAS UNE COULEUR TROP AMBRÉE, IL DEVIENDRAIT AMER.

ASTUCE

POUR VÉRIFIER LA MATURITÉ D'UN ANANAS, TIREZ SUR LES FEUILLES CENTRALES DU PLUMET : SI ELLES SE DÉTACHENT FACILEMENT, L'ANANAS EST MÛR !

BETTERAVE

La betterave potagère est un légume racine riche en sucre.
Elle se consomme aussi bien crue que cuite.
Utilisez des gants pour la cuisiner, la betterave
est une redoutable teinture naturelle !

4
PERSONNES

5 MIN
PRÉPARATION

15 MIN
CUISSON

LES TIGES

JEUNES TIGES CONFITES AUX ÉPICES ET AU SIROP D'ÉRABLE SUR FAISSELLE DE CHÈVRE

12 jeunes tiges de betterave
6 cuil. à soupe de sirop d'érable
4 faisselles de chèvre
2 capsules de cardamome
2 étoiles de badiane
1 gousse de vanille
250 ml d'eau

1

Nettoyez les tiges de betterave sous l'eau froide puis séchez-les bien à l'aide d'un papier absorbant. Détaillez-les en tronçon de 10 cm environ.

2

Écrasez les capsules de cardamome afin de récupérer les graines. Déposez-les dans une poêle et faites-les griller à sec pendant 2 min afin de libérer les arômes.
Ajoutez l'eau, les épices, le sirop d'érable et les tiges.

3

Mélangez bien puis laissez confire 15 min à feu doux. Rajoutez un peu d'eau si nécessaire. Vous devez obtenir un liquide sirupeux.
Servez tiède sur une faisselle de chèvre préalablement égouttée.

CONSEIL

NE LAISSEZ PAS TROP LES TIGES CONFIRE, ELLES DOIVENT RESTER MOELLEUSES.

4
PERSONNES

5 MIN
PRÉPARATION

1 H
CUISSON

Betteraves en croûte de sel

4 betteraves
1 kg de gros sel
4 cuil. à soupe d'huile d'olive
1 petite branche d'estragon
2 branches de cerfeuil
Poivre

1

Préchauffez le four à 180 °C (th. 6). Rincez les betteraves sous l'eau froide et séchez-les bien à l'aide d'un papier absorbant.

2

Dans un plat allant au four, déposez les betteraves sur un lit de gros sel puis recouvrez-les totalement du reste de gros sel. Enfournez pour 1 h.

3

Cassez la croûte de sel à l'aide d'un couteau, sortez les betteraves et coupez-les en deux.
Arrosez chaque betterave d'1 cuil. à soupe d'huile d'olive. Poivrez puis parsemez d'herbes ciselées. Ajoutez une pincée de sel si nécessaire.
Servez immédiatement.

4 PERSONNES

10 MIN PRÉPARATION

CARPACCIO DE BETTERAVES AU ROQUEFORT, AUX NOIX ET AUX JEUNES POUSSES

4 petites betteraves bien fermes
Les jeunes pousses d'1 botte de betteraves
120 g de roquefort
60 g de noix
4 cuil. à soupe d'huile de noix
1 cuil. à café de vinaigre de xérès
Sel, poivre

1

Dans un grand volume d'eau vinaigrée, lavez les jeunes pousses de betterave afin d'éliminer toutes traces de terre.

2

Émiettez le roquefort et concassez grossièrement les noix.

3

Épluchez les betteraves et détaillez-les en fines lamelles à l'aide d'une mandoline. Disposez les lamelles de betterave dans chaque assiette, répartissez le roquefort, les noix et les jeunes pousses.
Arrosez d'1 cuil. à soupe d'huile de noix et d'1 cuil. à café de vinaigre par assiette, salez, poivrez et servez sans attendre.

ASTUCE

VOUS POUVEZ FAIRE L'IMPASSE SUR LE ROQUEFORT ET PARSEMER LES BETTERAVES D'UN GRANITÉ DE JUS D'ORANGE (PRESSEZ LE JUS D'ORANGE, CONGELEZ-LE PUIS GRATTEZ-LE RÉGULIÈREMENT À L'AIDE D'UNE FOURCHETTE), PUIS PARSEMEZ LE CARPACCIO DE GRANITÉ ET SERVEZ AUSSITÔT AVEC DES CRACKERS AU SESAME.

CAROTTE

Cuisinée en version salée ou sucrée, la carotte est l'un des légumes les plus communs et les plus consommés en France. On distingue la carotte primeur, récoltée entre avril et juillet, relayée par la carotte de saison et la carotte de conservation. Elle doit sa couleur orangée à la provitamine A appelée aussi carotène.

4
PERSONNES

15 MIN
PRÉPARATION

9 MIN
CUISSON

LES FANES

SPAGHETTIS AU PESTO DE FANES DE CAROTTES

320 g de spaghettis
Les fanes d'1 botte de carottes
1 gousse d'ail
35 g de cerneaux de noix
(+ quelques cerneaux pour la décoration)
25 g de parmesan râpé
(+ 20 g pour les pâtes)
120 ml d'huile d'olive
Sel, poivre

1

Dans un grand volume d'eau vinaigrée, nettoyez les fanes de carottes afin de retirer toutes les impuretés. Essorez-les dans une essoreuse à salade ou dans un torchon propre.

2

Effeuillez les fanes et jetez les tiges les plus grosses (elles seraient trop fibreuses). Mixez les fanes avec l'ail, les cerneaux de noix, le parmesan et l'huile d'olive. Salez, poivrez et réservez.

3

Dans une grande casserole, portez de l'eau à ébullition et faites cuire les spaghettis selon le temps de cuisson indiqué sur le paquet (environ 9 min pour une cuisson *al dente*).

4

Versez le pesto de fanes de carottes sur les pâtes, mélangez et saupoudrez de parmesan et de noix grossièrement concassées avant de servir.

1
POT

10 MIN
PRÉPARATION

45 MIN
CUISSON

CHUTNEY D'ÉPLUCHURES DE CAROTTES

Les épluchures d'1 botte de carottes
4 figues sèches
5 abricots secs
1 échalote
2 cuil. à soupe d'huile d'arachide
¼ de cuil. à café
de graines de coriandre
¼ de graines de fenouil
1 piment oiseau séché
1 clou de girofle
6 cuil. à soupe de vinaigre blanc
50 cl de bière blonde

1

Lavez les épluchures de carottes dans un grand volume d'eau additionnée de 3 cuil. à soupe de vinaigre. Séchez-les bien dans un torchon propre.

2

Coupez les figues et les abricots en petits dés.
Épluchez puis émincez finement l'échalote.

3

Dans une casserole à fond épais, faites revenir l'échalote dans l'huile, laissez dorer 2 à 3 min en remuant régulièrement. Ajoutez les figues et les abricots, les épluchures, les épices, le reste de vinaigre et 25 cl de bière.

4

Mélangez bien, couvrez puis laissez mijoter à feu doux pendant 40 min. Remuez régulièrement et mouillez avec de la bière si le mélange s'assèche trop.

5

Versez la préparation dans un pot en verre à couvercle préalablement stérilisé et conservez le chutney jusqu'à 15 jours au réfrigérateur.

CONSEIL

SERVEZ AVEC UNE TERRINE DE GIBIER PAR EXEMPLE.

4
PERSONNES

10 MIN
PRÉPARATION

CAVIAR DE RACINES DE CAROTTES AU CUMIN ET GRESSINS

◇◇◇◇◇◇◇◇◇◇◇◇◇◇◇◇◇◇◇◇◇◇◇◇◇◇◇◇◇◇◇◇◇◇◇◇

1 pâte à pizza prête à l'emploi
50 ml d'huile d'olive
(+ 1 cuil. à soupe pour
la pâte à pizza)
3 cuil. à soupe de cumin
300 g de carottes
2 cuil. à soupe de pâte
de sésame blanc ou Tahin
(disponible dans tous les magasins bio)
2 cuil. à soupe de graines de sésame
2 cuil. à soupe de jus de citron
Sel, poivre

◇◇◇◇◇◇◇◇◇◇◇◇◇◇◇◇◇◇◇◇◇◇◇◇◇◇◇◇◇◇◇◇◇◇◇◇

1

Préchauffer le four à 200 °C (th. 6-7) Déroulez la pâte à pizza sur une plaque allant au four recouverte de papier cuisson.

2

À l'aide d'un pinceau, badigeonnez la pâte avec de l'huile d'olive puis découpez délicatement à la roulette des bandes d'une largeur d'1 cm environ. Veillez à bien les espacer pour qu'elles ne collent pas entre elles en cours de cuisson. Saupoudrez-les de cumin. Enfournez pour 10 min.

3

Pendant ce temps, épluchez les carottes. Rincez-les sous l'eau froide et séchez-les bien à l'aide de papier absorbant. Mixez finement les carottes. Ajoutez ensuite la pâte de sésame, les graines de sésame, l'huile d'olive et le jus de citron. Salez et poivrez. Mélangez bien et servez le caviar avec les gressins à l'apéritif.

CONSEIL

LE CAVIAR DE CAROTTES SE CONSERVE 4 OU 5 JOURS AU RÉFRIGÉRATEUR.

ASTUCE

POUR UNE VERSION PLUS EXOTIQUE, VOUS POUVEZ RAJOUTER 1 CUIL. À CAFÉ DE GARAM MASSALA. VOUS POUVEZ ÉGALEMENT DONNER UNE FORME AUX GRESSINS EN TORSADANT LA PÂTE AVANT LA CUISSON OU EN Y FAISANT DES PETITES ENTAILLES AU COUTEAU.

NAVET

Le navet appartient à la famille des crucifères.
Sa richesse en eau et en fibres en fait un parfait allié minceur si on croit à l'adage « qui mange un navet, gagne une année ».
Cela donne vraiment envie de le cuisiner !

6 À 8
PERSONNES

15 MIN
PRÉPARATION

45 MIN
CUISSON

LES FANES

CAKE AUX FANES DE NAVETS, TOMATES SÉCHÉES ET FETA

100 g de fanes de navets
80 g de tomates séchées
100 g de feta
3 cuil. à soupe de vinaigre blanc
150 g de farine
1 sachet de levure
3 œufs
10 cl d'huile végétale
10 cl de lait
70 g de gruyère râpé
Sel, poivre

1

Préchauffez le four à 180 °C (th. 6) Lavez les fanes de navets dans un grand volume d'eau additionnée de vinaigre.

2

Séchez-les bien à l'aide de papier absorbant ou d'une essoreuse à salade et détaillez-les en fines lanières. Coupez les tomates séchées et la feta en petits dés.

3

Dans un récipient, versez la farine et la levure préalablement tamisées. Ajoutez les œufs, l'huile et le lait et mélangez jusqu'à obtenir une pâte lisse.

4

Ajoutez les fanes, les tomates séchées, la feta et le gruyère râpé, puis mélangez à nouveau afin que la préparation soit homogène. Salez et poivrez.

5

Beurrez un moule à cake, puis versez-y la préparation. Enfournez pour 45 min.

CONSEIL

NE SALEZ PAS TROP LA PRÉPARATION, LA FETA ET LES TOMATES SÉCHÉES SONT DÉJÀ SALÉES.

4 À 6 PERSONNES

25 MIN PRÉPARATION

25 MIN CUISSON

LA CHAIR

TATIN DE NAVETS ET EFFILOCHÉ DE CANARD CONFIT

1 kg de navets primeurs
2 cuisses de confit de canard (pas trop gros)
100 g de sucre
1 rouleau de pâte feuilletée
Sel, poivre
Quelques branches de thym pour la décoration

1

Préchauffez le four à 200 °C (th. 6-7). Déposez les cuisses de canard sur une grille placée au-dessus d'un lèche-frite. Laissez la graisse s'égoutter pendant au moins 10 min. Laissez un peu refroidir puis effilochez les cuisses. Réservez au chaud.

2

Retirez les fanes et épluchez les navets. Coupez-les en tranches d'environ 1 cm d'épaisseur.

3

Dans une grande poêle à feu doux, faites chauffez 3 cuil. à soupe de graisse de canard (récupérée dans le lèche-frite), ajoutez le sucre, laissez caraméliser quelques instants, ajoutez les navets, salez et poivrez. Laissez cuire 10 à 12 min en retournant les navets régulièrement.

4

Dans un moule à manqué (ou plusieurs moules à tartelette), rangez joliment les navets en les superposant légèrement.

5

Déposez la pâte déroulée sur les navets en prenant soin de rentrer le surplus de pâte à l'intérieur du moule. Enfournez pour 25 à 30 min.

6

Sortez la tarte du four et laissez-la reposer 5 min avant de la démouler en retournant le moule sur un plat de service. Attention de ne pas vous brûler, quelques gouttes de caramel peuvent s'échapper.

7

Répartissez l'effiloché de canard sur la tarte. Décorez avec un peu de thym effeuillé et servez aussitôt.

CONSEIL

IL EST ÉGALEMENT POSSIBLE DE RÉALISER DES TARTELETTES

12 PIÈCES

50 MIN PRÉPARATION

1 H REPOS

20 MIN CUISSON

LE TOUT

Esfirras au poulet et aux navets

Pour la pâte à esfirra :
1 sachet (environ 10 g) de levure de boulanger en granules
20 ml d'eau tiède
200 g de farine
60 ml de lait
1 œuf
1 cuil. à café de sucre
1 cuil à café de sel fin
30 g de beurre

Pour la garniture :
2 blancs de poulet
70 g de fanes de navets
1 gousse d'ail
1 gros oignon
150 g de navets
3 tomates
3 cuil. à soupe d'huile d'olive ou 25 g de beurre
1 cuil. à café de curry
1 cuil. à café de 4 épices
Sel, poivre

1

Faites dissoudre la levure dans l'eau tiède.
Tamisez la farine dans un récipient et faites un puits au centre.
Dans un autre récipient, mélangez la levure, le lait, l'œuf, le sucre, le sel et le beurre ramolli.
Versez cette préparation dans le puits de farine. Mélangez grossièrement les ingrédients et pétrissez cette pâte à la main ou à l'aide d'un robot jusqu'à ce qu'elle ne soit plus collante.
Rajoutez un peu de farine si nécessaire.

2

Formez une boule, déposez-la dans un récipient fariné. Couvrez-la d'un torchon propre et laissez-la reposer à température ambiante pendant 1 h.

3

Épluchez puis émincez finement la gousse d'ail et l'oignon.
Détaillez les blancs de poulet en fines lanières.
Lavez les fanes de navets dans un grand volume d'eau additionnée de vinaigre. Séchez-les bien à l'aide de papier absorbant et détaillez-les en fines lanières.

4

Épluchez les navets et coupez-les en petits dés.
Mondez, épépinez puis concassez les tomates.

5

Dans une grande sauteuse, faites chauffer l'huile d'olive ou le beurre et faites dorer l'ail, l'oignon et le poulet pendant 2 ou 3 min. Ajoutez les épices, les fanes de navets et les navets, puis poursuivez la cuisson encore 3 min.
Hors du feu, ajoutez les tomates.
Salez et poivrez.

6

Préchauffez le four à 190 °C (th. 6-7).
Sur un plan de travail, étalez la pâte entre deux feuilles de papier cuisson sur une épaisseur de 3 mm.
À l'aide d'un emporte-pièce, découpez des cercles de 10 à 12 cm de diamètre.
Déposez 1 bonne cuil. à soupe de garniture au centre de la pâte.

7

À l'aide d'un pinceau, humidifiez légèrement les bords de la pâte avec un peu d'eau puis repliez la pâte en deux afin de former les esfirras.
Soudez les bords à l'aide d'une fourchette. Déposez les esfirras sur une plaque allant au four tapissée de papier cuisson.
Enfournez pour 15 à 20 minutes.
Servez les esfirras tièdes en apéritif ou en entrée, accompagnés de mesclun par exemple.

Pomme

Sucrée, acidulée, juteuse, la pomme est le fruit préféré des Français.
Son faible apport calorique, sa grande richesse en antioxydants et sa teneur élevée en fibre en font un fruit précieux pour la santé.

4
PERSONNES

10 MIN
PRÉPARATION

2 MIN
CUISSON

Beignets d'épluchures de pommes

Les épluchures d'1 kg de pommes
1 œuf
1 pincée de sel
125 g de farine
½ paquet de levure chimique
150 ml de lait
Huile de friture.
Sucre glace, cannelle, sucre cristal…

1

Versez l'huile de friture dans une poêle à bord haut ou dans une friteuse.

2

Cassez l'œuf puis séparez le blanc du jaune. Montez le blanc en neige ferme avec une pincée de sel.

3

Mélangez la farine et la levure. Ajoutez le jaune d'œuf, le lait puis les blancs en neige. Ajoutez les épluchures et enrobez-les de pâte.

4

Lorsque l'huile a atteint 180 °C, trempez les épluchures de pomme dans l'huile et laissez dorer quelques minutes.

5

Égouttez-les sur du papier absorbant, saupoudrez de sucre glace, de cannelle ou de sucre cristal…
Quand les beignets ont un peu refroidi, dégustez-les immédiatement avec les doigts !

4 À 6
PERSONNES

25 MIN
PRÉPARATION

25 MIN
CUISSON

LE TROGNON

MILLEFEUILLE AU CHÈVRE ET GELÉE DE POMME

Pour la gelée :

800 g d'épluchures mélangées à des pépins et des trognons de pomme
Le jus de 2 citrons
Du sucre cristal (la quantité varie en fonction de la quantité de jus obtenu)
1,5 l d'eau environ
10 grains de poivre cubèbe (facultatif)

Pour le millefeuille :

2 pâtes feuilletées prêtes à l'emploi
2 fromages de chèvre frais de 200 g
4 cuil. à soupe de gelée de pommes
3 feuilles de gélatine
100 ml de crème liquide
4 cuil. à soupe de sucre glace
Sel, poivre

GELÉE DE POMME

1

Disposez les épluchures, les trognons et les pépins de pommes dans une grande marmite, ajoutez 1 jus de citron et mélangez. Recouvrez d'eau à niveau et laissez cuire à feu doux et à découvert pendant 30 min.

2

À l'aide d'une passoire fine, filtrez le jus obtenu (en pressant un peu les épluchures), puis pesez-le.

3

Versez le jus dans une casserole à fond épais. Ajoutez le 2e jus de citron et deux fois moins de sucre cristal que la quantité de jus obtenu : par exemple, si vous obtenez 1 l de jus, ajoutez 500 g de sucre.
Ajoutez les grains de poivre cubèbe. Mélangez bien et portez doucement à ébullition pendant 45 min.
Pendant ce temps, stérilisez les pots de confiture en versant de l'eau bouillante dans les pots et sur les couvercles puis retournez-les sur un torchon propre.

4

Versez la gelée chaude dans les pots et refermez avec le couvercle.
Vous pouvez également utiliser du film transparent « spécial confitures » si vous le souhaitez.
Conservez cette gelée 1 an maximum dans un endroit frais, à l'abri de la lumière.

ASTUCE

CONSERVEZ VOS ÉPLUCHURES, TROGNONS ET PÉPINS AU CONGÉLATEUR. LORSQUE VOUS EN AVEZ RÉCOLTÉ UNE QUANTITÉ SUFFISANTE, RÉALISEZ VOTRE GELÉE !

MILLEFEUILLE AU CHÈVRE

1

Faites ramollir les feuilles de gélatine dans un bol d'eau froide.

2

Dans une casserole, faites fondre le fromage de chèvre avec la crème liquide et la gelée de pomme à feu très doux. Salez et poivrez. Hors du feu, ajoutez la gélatine, mélangez bien puis laissez refroidir 15 min.

3

Préchauffez le four à 170 °C (th. 5-6). Pendant ce temps, déroulez la pâte feuilletée sur une plaque allant au four puis recouvrez-la d'une 2e plaque qui l'empêchera de gonfler. Enfournez pour 17 min.

4

Sortez la pâte du four et saupoudrez-la de 2 cuil. à soupe de sucre glace, puis enfournez de nouveau pour 5 min sans la recouvrir de la 2e plaque. Répétez l'opération avec l'autre pâte feuilletée.

5

Découpez des rectangles de 4 x 12cm environ lorsque la pâte est encore chaude. Transférez la crème dans une poche à douille lisse.

6

Sur les assiettes de service, placez un premier rectangle de pâte. Déposez des noisettes de crème au chèvre le long du rectangle en formant 3 rangées. Montez les millefeuilles en alternant ainsi les couches de feuilletage et de crème de chèvre. Servez avec une salade verte.

4 À 6
PERSONNES

15 MIN
PRÉPARATION

30 MIN
CUISSON

LE TOUT

TARTE AUX POMMES, CAMEMBERT ET CUMIN

3 grosses pommes
(type Royal Gala)
1 camembert
1 pâte feuilletée prête à l'emploi
1 cuil. à soupe de cumin en graines

1

Rincez les pommes puis essuyez-les. Coupez-les en quatre, retirez le cœur puis détaillez-les en fines lamelles.

2

Retirez la croûte du camembert puis coupez-le en fines tranches. Préchauffez le four à 190 °C (th. 6-7).

3

Déroulez la pâte sur une plaque allant au four.
Répartissez les lamelles de pomme et de camembert sur la pâte. Saupoudrez de cumin puis enfournez pour 30 min.

4

Environ 5 min avant la fin de cuisson, déposez la plaque directement sur la sole du four.
Laissez refroidir quelques minutes avant de déguster.

Pomme de terre

En vrac, en filet ou en barquette, on la trouve toute l'année sur les étales, à la grande joie des Français qui en consomment en moyenne 25 kg par an.
On distingue cependant la pomme de terre primeur, récoltée au printemps avant maturité, et la pomme de terre de conservation, récoltée à l'automne à pleine maturité.

5 MIN
PRÉPARATION

15 MIN
CUISSON

LA PEAU

CHIPS D'ÉPLUCHURES DE POMMES DE TERRE AU THYM ET AU PARMESAN

Les épluchures d'1 kg de pommes de terre bio de préférence
20 ml d'huile d'olive
40 g de parmesan râpé
1 cuil. à soupe de thym frais
Sel, poivre
Fleur de sel

1

Préchauffez le four à 180 °C (th. 6). Mettez les épluchures de pommes de terre débarassées de toutes salissures, l'huile, le parmesan, le thym, le sel et le poivre dans un sac congélation et refermez. Secouez bien le sac afin d'enrober les épluchures de tous les ingrédients.

2

Tapissez une plaque allant au four de papier cuisson et déposez les épluchures en veillant à bien les espacer. Enfournez pour 15 min.

3

Saupoudrez d'un peu de fleur de sel avant de servir chaud à l'apéritif.

3 POTS

30 MIN PRÉPARATION

45 MIN CUISSON

60 MIN RÉFRIGÉRATION

CONFITURE DE POMMES DE TERRE AUX ÉPICES

1 kg de pommes de terre à purée (type Victoria ou Bintje)
1 l d'eau
250 g de sucre cristal
Les graines de 2 gousses de vanille
2 étoiles de badiane
500 g de sucre roux
1 cuil. à café de cannelle moulue
1 cuil. à café de vanille en poudre
3 cuil. à café d'extrait de vanille liquide
2 cuil. à soupe de rhum brun (facultatif)

1

Épluchez les pommes de terre, rincez-les sous l'eau froide puis détaillez-les en morceaux.

2

Dans une grande casserole, versez l'eau, le sucre cristal, les graines de vanille et la badiane. Ajoutez les pommes de terre et faites-les cuire environ 20 min.

3

Retirez les morceaux de pommes de terre à l'aide d'une écumoire et mettez-les dans un moulin à légumes afin de les réduire en purée.

4

Conservez le sirop que vous ajouterez au fur à mesure afin d'obtenir une purée assez souple.
Versez cette purée dans une casserole à fond épais puis ajoutez le sucre roux, la cannelle, la vanille en poudre et la vanille liquide.

5

Faites cuire la purée 30 min sans cesser de remuer. Hors du feu, ajoutez le rhum (facultatif).

6

Versez dans des pots stérilisés. Laissez refroidir la confiture pendant au moins 4 h.
Servez avec des gaufres, des crêpes ou de la brioche.

4
PERSONNES

20 MIN
PRÉPARATION

1 H 10
CUISSON

LE TOUT

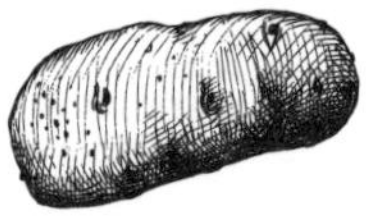

JACKET POTATOES AU POULET ET AU CURRY

4 pommes de terre Bintje
4 aiguillettes de poulet
½ cuil. à café de pâte de curry rouge
4 cuil. à soupe d'huile d'olive
1 cuil. à café de sel fin
2 oignons
100 ml de crème fraîche
40 g de gruyère râpé
2 cuil. à café de coriandre ciselée
Sel, poivre

1

Préchauffez le four à 180 °C (th. 6)
Lavez les pommes de terre à l'eau froide et nettoyez-les à l'aide d'une brosse à légume afin de retirer toute la terre.
Séchez-les bien et piquez-les avec une fourchette afin qu'elles n'éclatent pas en cours de cuisson.

2

À l'aide d'un pinceau, badigeonnez les pommes de terre d'huile d'olive puis salez-les.
Déposez-les dans un plat allant au four et enfournez pour 1 h.
Les pommes de terre doivent devenir souples au toucher.
Pendant ce temps, épluchez puis émincez les oignons.

3

Détaillez les aiguillettes de poulet en fines lanières
Dans une grande poêle, faites revenir les oignons et le poulet dans le reste d'huile d'olive pendant 3 min.
Lorsqu'ils sont bien dorés, ajoutez la pâte de curry et la crème puis laissez cuire encore 3 min.
Salez et poivrez.

4

Fendez les pommes de terre en deux et à l'aide d'une petite cuillère, remplissez-les du mélange au poulet.
Parsemez de gruyère râpé et de coriandre ciselée.

5

Placez-les sous le gril du four pendant 5 min. Servez chaud avec une salade de mesclun.

19
B

P

POTIMARRON

Le potimarron appartient à la famille des cucurbitacées. Sa chair naturellement sucrée, orangée et un peu farineuse rappelle celle de la châtaigne, c'est la raison pour laquelle on le nomme parfois « courge châtaigne » ou « potiron doux d'Hokkaido ».
On le trouve sur nos étales de septembre à février. Il se conserve dans un endroit sec, à l'abri de la lumière. Cependant, plus il vieillit plus sa peau devient dure.

6
PERSONNES

25 MIN
PRÉPARATION

4 H
RÉFRIGÉRATION

40 MIN
CUISSON

PANNA COTTA AU POTIMARRON ET NOUGATINE DE GRAINES DE POTIMARRON

400 g de potimarron
3 feuilles de gélatine
200 ml de lait de coco
200 ml de crème liquide
60 g de sucre roux
1 pincée de sel

Pour la nougatine :
20 g de graines de potimarron
20 g de sucre

1

Faites tremper les feuilles de gélatine dans un bol d'eau froide. Rincez le potimarron sous l'eau froide. Essuyez-le. Retirez l'écorce et les graines. Réservez les graines.

2

Détaillez-le en gros dés et faites-le cuire à la vapeur pendant environ 25 à 30 min.
Dans un blender, mixez le potimarron avec 50 ml de lait de coco et salez.

3

Faites chauffer la crème et le reste de lait de coco avec le sucre. Hors du feu, ajoutez la gélatine essorée.
Mélangez bien, puis ajoutez la purée de potimarron.

4

Versez dans six ramequins puis placez au réfrigérateur pendant au moins 4 h. Pendant ce temps, réalisez la nougatine.

5

Rincez les graines de potimarron sous l'eau froide, essuyez-les bien avec du papier absorbant pour retirer la chair restante.
Décortiquez les graines de potimarron puis faites-les dorer à sec 2 ou 3 min dans une poêle.

6

Dans une casserole à fond épais, faites fondre le sucre. Lorsqu'il prend une couleur ambrée, ajoutez les graines de potimarron, mélangez bien puis versez la préparation entre deux feuilles de papier cuisson. Étalez la préparation à l'aide d'un rouleau à pâtisserie.
Juste avant de servir, cassez la nougatine et déposez un morceau en décoration sur chaque panna cotta.

ASTUCE

LES COURGES EN GÉNÉRAL SONT ASSEZ DIFFICILES À ÉPLUCHER. FAITES-LES CUIRE AVEC LA PEAU, CETTE DERNIÈRE SE RETIRE TRÈS FACILEMENT UNE FOIS CUITE.

CONSEIL

AU LIEU DE DÉCORTIQUER LES GRAINES DE POTIMARRON, VOUS POUVEZ LES PLACER SUR UNE PLAQUE DE PÂTISSERIE TAPISSÉE D'UNE FEUILLE DE PAPIER CUISSON. SAUPOUDREZ-LES DE SUCRE ROUX ET D'ÉPICES À PAIN D'ÉPICES. ENFOURNEZ ET LAISSEZ DORER ET CARAMÉLISER 15 MIN À 180 °C (TH. 6).

4 PERSONNES

15 MIN PRÉPARATION

3 H RÉFRIGÉRATION

1 H CUISSON

LA CHAIR

CRÈME BRULÉE AU POTIMARRON ET AUX ÉPICES

400 g de potimarron
300 ml de crème liquide
3 jaunes d'œufs
40 g de cassonade
(+ 8 cuil. à soupe)
1 cuil. à café d'épices
à pain d'épice

1

Préchauffez le four à 120 °C (th. 4). Rincez le potimarron sous l'eau froide, retirez les graines et l'écorce.

2

Faites-le cuire 25 à 30 min à la vapeur. À l'aide d'un blender, mixez ensemble le potimarron et 150 ml de crème liquide. Réservez.

3

Fouettez les jaunes d'œufs avec la cassonade et les épices. Ajoutez la purée de potimarron, mélangez bien puis répartissez dans quatre ramequins. Faites cuire au bain-marie pendant 30 min.

4

Laissez refroidir et placez au réfrigérateur au moins 3 h.

5

Saupoudrez 2 cuil. à soupe de cassonade sur chaque crème brulée puis caramélisez-les à l'aide d'un chalumeau. Servez aussitôt !

4
PERSONNES

15 MIN
PRÉPARATION

30 MIN
CUISSON

LE TOUT

VELOUTÉ DE POTIMARRON

600 g de potimarron
1 oignon
2 cuil. à soupe d'huile d'olive
400 ml de bouillon de légumes, bio de préférence
100 ml de crème liquide entière
Sel et poivre

1

Rincez le potimarron sous l'eau froide, retirez les graines et réservez-les.

2

Faites-le cuire 25 à 30 min à la vapeur, avec l'écorce. Pendant ce temps, épluchez l'oignon et faites-le revenir 5 min dans l'huile d'olive. Réservez.

3

Retirez la peau du potimarron. Réservez-la.

4

Dans un blender ou à l'aide d'un mixeur plongeur, mixez ensemble le potimarron, l'oignon et le bouillon de légumes afin d'obtenir un velouté. Rectifiez l'assaisonnement.

5

Décortiquez quelques graines de potimarron, faites-les dorer à sec dans une poêle pendant quelques minutes. Réservez.

6

Juste avant de servir, mixez ensemble la peau du potimarron et la crème liquide très froide.

7

Servez le velouté avec une quenelle de crème d'écorce et décorez avec quelques graines torréfiées.

INDEX Recettes

INDEX

Ingredients

A

B

C

REMERCIEMENTS

*Cet ouvrage est une œuvre collective,
créée dans la joie et la bonne humeur !*

Je remercie sincèrement Guillaume Czerw pour son enthousiasme à toute épreuve, le Bureau des Affaires Graphiques pour cette si jolie maquette et Anne Kalicky pour ses précieux conseils et sa minutieuse relecture.

Je remercie les Éditions Hachette et particulièrement Juliette pour leur confiance.

Un grand merci à Jérôme et Suzanne, les testeurs officiels de ces recettes gourmandes.

Enfin, une pensée affectueuse pour ma « *petite herbe folle* ».

Direction : **CATHERINE SAUNIER-TALEC**

Responsable éditoriale : **ANNE LA FAY**

Éditrice : **JULIETTE SPITERI**

Packaging éditorial : **LE BDAG**

Conception graphique : **LE BDAG**

Assistant graphiste : **ANTOINE LA FAY**

Coordination éditoriale et suivi : **AMK COMPTOIR ÉDITORIAL**

Fabrication : **AMÉLIE LATSCH**

Partenariats : **SOPHIE MORIER** (smorier@hachette-livre.fr)

www.hachette-pratique.com
facebook.com/hachettecuisine

Dépot légal : Février 2014
23-20-1675-0
ISBN : 978-2-01-231675-1
Impression en Chine